LISTE DES RECUEILS

DE

FAC-SIMILE DE CHARTES

DRESSÉE PAR

René POUPARDIN,
Sous-bibliothécaire au Département des manuscrits
de la Bibliothèque nationale,

ET PAR

Maurice PROU,
Professeur à l'École nationale des Chartes.

Rapport présenté au Congrès international pour
la reproduction des manuscrits, des monnaies et des sceaux
(Liége, 21 au 23 août 1905)

BRUXELLES
POLLEUNIS ET CEUTERICK, IMPRIMEURS
37, RUE DES URSULINES, 37

1905

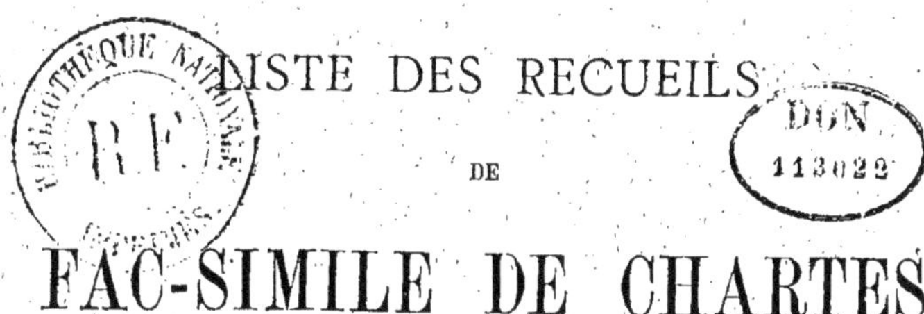

LISTE DES RECUEILS
DE
FAC-SIMILE DE CHARTES

DRESSÉE PAR

René POUPARDIN,
Sous-bibliothécaire au Département des manuscrits
de la Bibliothèque nationale,

ET PAR

Maurice PROU,
Professeur à l'École nationale des Chartes.

Les auteurs de cette liste ont eu en vue non seulement les chartes proprement dites, mais tous les documents d'archives, les actes sous forme de minute ou d'expédition, les lettres de souverains et les registres. Cette liste comprend donc : 1° les recueils de fac-simile où sont réunies des reproductions de manuscrits proprement dits et de chartes ; 2° les recueils de fac-simile exclusivement consacrés à des reproductions de documents d'archives ; 3° les ouvrages auxquels sont annexés, en nombre, des fac-simile de documents d'archives. On a laissé de côté les fac-simile isolés publiés dans des livres ou insérés dans des revues.

Pour dresser cette liste, nous nous sommes servis des catalogues de fac-simile précédemment publiés, et spécialement de :

1° La bibliographie diplomatique du *Nouveau traité de Diplomatique,* t. VI, p. XXV (Paris, 1765).

2° L'introduction de M. Léopold DELISLE à l'*Album paléographique publié par la Société de l'École des Chartes* (Paris, 1887 ; cf. ci-dessous, n° 96).

3° La bibliographie insérée par Arthur GIRY, dans le *Manuel de diplomatique,* p. 41-50 (Paris, 1894).

4° Le rapport de M. Maurice PROU intitulé *Paléographie et diplomatique de 1888 à 1897,* dans *Congrès bibliographique international tenu à Paris du 13 au 16 avril 1898, Compte-rendu des travaux,* t. I (1900), p. 498 à 601.

5° Gabriel MEIER, *Die Fortschritten der Palaeographie mit Hilfe der Photographie. Ein bibliographisches Versuch,* dans

Centralblatt für Bibliothekswesen, t. XVII (1900), pp. 1 à 32, 113 à 130, 191 à 198, 255 à 278.

6° Henri OMONT, *Bibliothèque nationale. Département des manuscrits. Listes des recueils de fac-similés et des reproductions de manuscrits conservés à la Bibliothèque nationale* (Paris, 1903, in-8°, extrait de la *Revue des bibliothèques*, mai-juin 1903).

Les ouvrages compris dans notre liste ont été répartis par pays, en prenant pour base de la classification le lieu de publication, et dans chaque pays, l'ordre chronologique.

Nous avons marqué d'un astérisque les ouvrages que nous n'avons pu tenir en main.

ALLEMAGNE

1. Genealogia diplomatica Augustae gentis Habsburgicae qua continentur vera huius gentis exordia, antiquitates, propagationes... opera et studio R. P. Marquardi HERRGOTT... — Vienne, 1737, 3 vol. in-fol.

T. I, p. 120, diplôme des comtes de Habsbourg (1259); p. 157, charte de Rodolphe de Habsbourg (1186).

2. Iohannis HEUMANNI iur. professoris Altorfini Commentarii de Re diplomatica imperatorum ac regum Germanorum inde a Caroli M. temporibus adornati. — Norimbergae, 1745, in-4°, 10 pages d'introduction, 506 pages de texte, 44 pages d'index, 7 planches gravées.

Aux planches I et II fac-simile partiel de deux diplômes de Charlemagne; à la pl. VII, fac-simile partiel d'un placitum, emprunté à une planche de Mabillon.

3. Lexicon diplomaticum abbreviationes syllabarum et vocum in diplomatibus et codicibus a seculo VIII ad XVI usque occurrentes exponens, iunctis alphabetis et scripturae speciminibus integris studio J.-L. WALTHERI. — Göttingue, 1751, in-fol., CCXXV pages, plus une préface et un index non chiffrés, et XXVIII planches gravées.

Reproductions partielles d'actes du IXe au XVIe siècle, parmi lesquels : pl. II, diplôme de Louis le Germanique (874); pl. V, diplôme d'Otton (970); pl. VII, diplôme d'Henri III (1016); pl. IX, diplôme de Conrad III (1149);

pl. XI, bulle de Victor IV (1161); pl. XIII, bulle de Grégoire IX (1237); pl. XV, bulle d'Alexandre IV (1256).

4. Danielis Eberhardi BARINGII Clavis diplomatica, specimina veterum scripturarum tradens, alphabeta nimirum varia, medii aevi compendia scribendi, notariorum veterum signa perplura, ect., singula tabulis aeneis expressa......... — Hanoverae, 1754, in-4°, 4-616 pages, 20 pages d'index, 3 planches annexées à la préface, 1 planche annexée à la dissertation « de significatione litterae C », 26 planches d'alphabets numérotées I à XXVII, 24 planches d'abréviations et spécimens d'écritures, numérotées 1 à 24, 18 planches de *signa* de notaires numérotées 1 à 18, 1 planche annexée à la réimpression du *Propylaeum* de Papebroch, vignettes dans le texte (monogrammes, sceaux).

5. Jo. Daniel SCHOEPFLINI... Alsatia aevi merovingici, carolingici, saxonici, salici, suevici diplomatica. — Mannheim, 1772, in-fol., 4 feuillets non cotés de préface, 485 pages, 20 planches gravées.

Les planches reproduisent des diplômes dont le plus ancien est de Childéric II (673) et le plus récent de Frédéric I (1163). — L'*Alsatia periodi regum et imperatorum diplomatica* (Mannheim, 1793, in-fol.), qui forme le t. II de l'ouvrage ne contient pas de planches.

6. Diplomatisches Lesebuch zur Beförderung der demonstrativen Lehrmethode gesammelt aus dem neuen Lehrgebaüde der Diplomatik der Benedictiner und andern diplomatischen Werken, mit practischen und historischen Anmerkungen, von Friedrich Ernst Carl MEREAU. — Iena, 1791, in-4°, 9 feuillets non chiffrés, 199 pages, 42 planches sur cuivre.

Les planches sont empruntées à divers recueils et notamment au *Nouveau Traité*. Les 25 premières donnent des alphabets, des spécimens d'écritures; les suivantes des fac-simile partiels de diplômes de Clotaire II, Childebert III, Chilpéric II, Carloman, Pepin, Charlemagne, Louis le Pieux, Lothaire, Louis le Germanique, Charles le Chauve, Charles le Gros, Arnulf, Louis l'Enfant, Conrad I, Henri I, les Otton, Henri III, Conrad II, et des spécimens d'écritures d'actes impériaux du XIIIe siècle.

7. SCHÖNEMANN. Versuch eines vollständigen Systems der allgemeinen besonders älteren Diplomatik. — Hambourg, 1801, in-8°.

Les planches ont été publiées à part sous le titre *Kupfer zur Erläuterung der diplomatischen Paläographie und verschiedener Canzleygebraüche des Mittelalters*, Hambourg, 1801, in-fol.

8. Palaeographia critica, auctore Ulrico Friderico KOPP Hasso Casselano. — Mannheim, 1817-1829, 4 volumes in-4°, VIII-503, XVI-664, 690, 4-544 pages, 7 planches gravées sur cuivre.

Les deux premiers volumes ont pour sous-titre *Tachygraphia veterum exposita et illustrata*. Le premier volume, outre un grand nombre de vignettes dans le texte représentant des notes tironiennes de diplômes, contient sur des planches hors texte les fac-simile de sept diplômes royaux ou impériaux de Charlemagne, Louis le Pieux, Conrad, Otton. Le second volume contient un *Lexicon tironianum*. Cf. aussi n° 41.

9. Schriftproben als Zugabe zu einem Lehrbuche der Diplomatik, herausgegeben von geh. Cabinetsrath Ulr.-Fr. KOPP. — Heidelberg, s. d., in-12, 16 pages, 30 planches gravées.

10. FRABANHTABOKOS oder die gothischen Urkunden von Neapel und Arezzo, mit zwey Schriftnachbildungen im Steindruck, von H. F. MASSMANN. — München, 1837, in-fol., 28 colonnes, 2 planches en lithographie.

Un autre titre porte la date : Wien, 1838. — Fac-simile partiel d'une charte de donation du VIe siècle, sur papyrus, conservée à Naples et provenant des archives de l'église des Goths, Sainte-Anastasie, à Ravenne.

11. Specimina diplomatum monasterio Fuldensi a Karolis exhibitorum. Photographische Nachbildungen der dem Kloster Fulda ertheilten karolinger-Urkunden. Mit erläuterndem Text nach den Originalen des Landes-Archivs zu Fulda, herausgegeben von Carl HERQUET. Photographie von Georg Kegel. Erstes Heft : Urkunden Pippins und Karls des Grossen. — Cassel, 1867, in-fol., 1 feuillet de dédicace, 1 feuillet d'avant-propos, 16 pages, 6 feuillets de carton sur lesquels sont collées autant de photographies de diplômes.

12. Schrifttafeln zum Gebrauch bei Vorlesungen und zum Selbstunterricht, herausgegeben von Wilhelm ARNDT. — Berlin, 1874-1878, in 4°, 4 feuillets de texte, 60 planches en photolithographie.

Chartes aux pl. 1, 2, 10; ces fac-simile sont empruntés à des ouvrages antérieurs.

2e édition, sous le titre *Schrifttafeln zur Erlernung der lateinischen Palaeographie*. — Berlin, 1887-1888, in-4°, 20 pages, 64 planches en photolithographie. — Chartes aux pl. 1, 2, 10, 28.

3e édition, sous le titre *Schrifttafeln*, etc., *begründet von* Wilhelm Arndt.

Drittes Heft, herausgegeben von Michael TANGL. — Berlin, 1903, in-4°, p. 33 à 64, 37 planches en phototypie, cotées 71 à 100. — Ce fascicule est exclusivement réservé à la reproduction de chartes, de 752 à 1488, principalement des documents d'origine allemande, mais aussi des lettres apostoliques.

4e édition, sous le titre *Schrifttafeln zur Erlernung der lateinischen Palaeographie, herausgegeben von* Wilhelm ARNDT. *Erstes Heft. Vierte, erweiterte Auflage besorgt von* Michael TANGL. — Berlin, 1904, in-4°, VI-21 pages, 33 planches [les trois dernières cotées 30A, 30B, 30C], en photolithographie et en phototypie.

13. Kaiserurkunden in Abbildungen, herausgegeben von H. VON SYBEL und Th. SICKEL. — Berlin, 1881-1891, 1 vol. de texte in-4°, VIII-546 pages, et 2 vol. d'atlas gr. in-fol. oblong, 295 planches en phototypie.

Reproduction, à grandeur des originaux, de 361 diplômes impériaux et royaux, de juin 760 au 11 septembre 1517, conservés en Allemagne et en Italie. Quelques-uns seulement des documents sont accompagnés de transcriptions; pour les autres, les éditeurs se sont contentés d'indiquer les variantes de l'original sur les éditions antérieures; mais à chacun est consacrée une notice paléographique et diplomatique. L'ouvrage comprend 11 livraisons, contenant chacune des documents de dates diverses, mais il y a un index chronologique à la fin du volume de texte.

14. *F. PHILIPPI. Zur Geschichte der Reichskanzler unter den letzten Staufern, Friedrich II, Heinrich (VII) und Konrad IV. — Munster, 1884, in-4°, avec 12 planches en phototypie.

15. Specimina selecta chartarum Pontificum Romanorum edidit Julius VON PFLUGK-HARTTUNG. — Stuttgart, 1885-1887, gr. in-fol., 2 pages et 124 planches; plus 125-145 planches de bulles.

Reproduction d'*après des calques*, de 683 documents ou fragments de documents depuis Grégoire le Grand jusqu'à Célestin III (fin du VIe siècle-1197). Pas de transcriptions ni de commentaires, mais simple liste des documents auxquels les spécimens sont empruntés et des dépôts dans lesquels ces documents sont conservés, avec un index chronologique.

16. Die Lehre von den Privaturkunden, von Dr Otto POSSE. — Leipzig, 1887, in-4°, VIII-242 pages, XL planches en phototypie.

Fac-simile, la plupart partiels ou réduits, de 90 documents privés (parmi lesquels un feuillet des registres de Clément VI et de ceux de Grégoire X), de 1122 à 1356, provenant principalement des Archives de Dresde.

17. * Die 10 ältesten Urkunden aus dem Stadtarchiv zu Braunschweig aus den Jahren 1031-1278, herausgegeben unter Beirat des Stadtarchivars Prof. Dr. Ludwig Hänselmann von G. BEHRENS. — Brunswick, 1889, in-fol., un feuillet de texte, 10 planches en phototypie en couleur.

18. * Die Hausgesetze der Wettiner bis zum Jahre 1486. Festgabe der Redaktion des Codex diplomaticus Saxoniae regiae zum 800 jährigem-Regierungs Jubiläum des Hauses Wettin, von Otto POSSE. — Leipzig, 1889, in-fol., VIII-58 pages, 109 planches en phototypie.

19. Quellen und Forschungen zur Geschichte der Abtei Reichenau, herausgegeben von der Badischen histor. Kommission. — I. Die Reichenauer Urkundenfälschungen, von Dr Karl BRANDI. — Heidelberg, 1890, in-4°, XII-132 pages, 17 planches en photolithographie.

Fragments de documents (souscriptions, ruches, spécimens d'écriture de 724 à 1189).

20. Kulturgeschichte des deutschen Volkes von Dr Otto HENNE AM RHYN, Staatsarchivars in St. Gallen. — 2e édit., Berlin, 1892-1893, 2 vol. gr. in-8°, 499 et 528 pages, planches hors texte et vignettes.

Fac-simile de documents diplomatiques, du VIIIe au XVIe siècle, aux pages 102, 124, 145, 230, 320, 330, 374, du tome Ier; et, au tome II, pp. 10, 48, 158.

21. Geschichtsquellen der Provinz Sachsen und angrenzenden Gebiete. Urkundenbuch der Stadt Goslar und bei Goslar belegenen geistlichen Stiftungen..., bearbeitet von Oberlandsgerichtsrath Georg BODE. Erster Theil (922-1250). — Halle, 1893, in-8°, XX-681 pages, 2 fac-simile de diplômes et 4 planches.

Les fac-simile reproduisent des diplômes d'Henri III (15 mai 1055) et de Frédéric II (13 juillet 1219); les planches sont consacrées aux ruches, monogrammes et sceaux.

22. Geschichtsquellen der Provinz Sachsen und angrenzenden Gebiete. Urkundenbuch des Hochstifts Merseburg. Erster Theil (962-1357) ..., bearbeitet von Prof. Dr P. KEHR. — Halle, 1899, in-8°, LXXXIV-1246 pages, 15 planches en phototypie.

Les planches I-XI reproduisent intégralement ou partiellement 15 documents de 1127 à 1350; les planches XII-XV, des sceaux.

23. Monumenta Palaeographica. Denkmäler der Schreibkunst des Mittelalters. Erste Abtheilung. Schrifttafeln in lateinischer und deutscher Sprache, in Verbindung mit Fachgenossen herausgegeben von Dr Anton CHROUST. — Munich, 1899-1905, 19 livraisons de chacune 10 planches en phototypie, accompagnées de notices et de transcriptions.

En cours de publication.

I. Pl. 3 et 6, *Codex traditionum* de Saint-Emmeran de Ratisbonne (IXe siècle); pl. 4-5, diplôme de Louis le Germanique (844); pl. 8, registre de Louis de Bavière (1322); pl. 10, minute d'un acte du duc Louis de Bavière-Landshut (1473). — II. Pl. 6-7, *Codex traditionum* de Saint-Emmeran (Xe siècle); pl. 9-10, registres de Louis de Bavière (1338-1358). — III. Pl. 10, registre du duc Étienne III de Bavière (1394). — IV. Pl. 1-10, *Codices traditionum* de Saint-Emmeran de Ratisbonne (XIe-XIIIe siècles). — VI. Pl. 4-5, chartes de l'évêque Baturic de Ratisbonne (836 et 847); pl. 7-8, lettres missives du XVe siècle (1434-1437). — VII. Pl. 9-10, *Codices traditionum* de Salzbourg (Xe siècle). — VIII. Pl. 1-5 et 9-10, *Codices traditionum* de l'Église de Salzbourg (Xe-XIIIe siècles). — IX. Pl. 1-8, chartes de Wurzbourg (1069-1219). — XII. Pl. 1-10, registres de la chancellerie impériale (1401-1501). — XIII. Pl. 1-2, registres de l'empereur Sigismond (1413-1423); pl. 3, 7, 8, 9, minutes d'actes de Sigismond, Frédéric III, Maximilien I (1432-1499); pl. 5, registre de Frédéric III (1441-1442); pl. 6, registre d'émargement de la chancellerie impériale (1575). — XIV. Pl. 2, 4, 5, 8, chartes de Saint-Gall (761-867).

24. Handschriftenproben des sechzehnten Jahrhunderts nach Strassburger Originalen, herausgegeben von Dr Johannes FICKER... und Dr Otto WINCKELMANN.... 102 Tafeln in Lichtdruck mit Text. Erster Band. Tafel 1-46. Zur politischen Geschichte. — Strassburg, 1902, in-4°, XV pages, 46 feuillets de texte, 46 planches en phototypie.

ANGLETERRE — ÉCOSSE — IRLANDE

25. Linguarum veterum septentrionalium thesaurus grammaticocriticus et archaeologicus, auctore Georgio HICKESIO. — Oxford, 1705, 6 tomes en 2 vol. in-fol.

Gravures dans le texte et planches gravées reproduisant des alphabets, des inscriptions, des miniatures et un petit nombre de documents diplomatiques, parmi lesquels : I, p. 76, bulle de Nicolas II (1061); II, p. 70, charte de Guillaume le Conquérant; II, p. 158, charte du roi Eadgar.

26. Selectus diplomatum et numismatum Scotiae thesaurus in duas partes distributus. Prior syllogen complectitur veterum Diplomatum sive Chartarum regum Scotiae, una cum eorum sigillis a Duncano II ad Jacobum I, id est ab anno 1094 ad 1412.... — Edimbourg, 1739, in-fol., VII-126 pages, CLXXX planches gravées.

27. Appendix to reports from the Commissioners appointed by his Majesty to execute the measures recommended by a select committee of the House of Commons respecting the public Records of the Kingdom, etc. Engraved fac similes inserted in the several works printed under the Commission, with the explanations. Printed by order of the House of Commons. — [London], 1819, in-fol., 87 planches gravées, avec autant de feuillets de texte, plus un feuillet contenant la liste des planches en tête, et un feuillet d'index, à la fin.

Chartes et registres de 1101 à 1587.

28. Fac similes of national manuscripts from William the Conqueror to Queen Anne, selected under the direction of the Master of the Rolls and photozincograved by colonel sir Henry JAMES. — Southampton, 1865-1868, 4 vol. gr. in-4°, 70, 67, 93 et 111 fac-simile en photozincogravure.

Texte par M. William Basevi SANDERS. — Le t. I contient des actes de l'époque de Guillaume le Conquérant à 1507. Les suivants des lettres de 1509 à 1713. Les textes sont accompagnés de transcriptions et de notes historiques.

29. Fac similes of national manuscripts of Scotland, selected under the direction of the right hon. sir William GIBSON-CRAIG, Bart., lord clerk register of Scotland, and photozincograved by colonel sir Henry JAMES. — Southampton, 1867-1871, 3 vol. gr. in-fol., XVIII pages et 78 fac-simile; XXII pages et 86 fac-simile; XX pages et 108 fac-simile en photozincogravure.

Presque exclusivement des chartes. T. I : documents de 1094 à la fin du XIIIe siècle (provenant du Trésor du chapitre de Durham, du Register House d'Édimbourg, du Record Office de Londres, etc.; — t. II : documents de 1279 au règne de Jacques III (mêmes archives, British Museum et divers chartriers privés); — t. III : au n° IV, testament du comte Douglas (1392); au n° VIII, bulle d'Alexandre VI, de 1494; aux n^{os} V, VII, VIII-X, registres divers du XVe siècle; les autres planches reproduisent des lettres, etc., des XVIe et XVIIe siècles jusqu'en 1689.

30. Fac similes of ancient charters in the British Museum [by Edward A. BOND]. — London, 1873-1878, 4 vol. in-fol; le premier volume in-fol., les 3 autres gr. in-fol. de IX pages, 17 feuillets et planches; 40 et 39 feuillets et planches; 14 pages, 48 feuillets et planches, en phototypie, et 34 pages.

Au total, 144 documents, dont 140 provenant des archives des églises de Christchurch, à Canterbury, de Rochester, de Westminster, de Winchester, de Bury St. Edmund's, d'Abingdon, de Worcester, d'Evesham, de Hanbury, de Pershore, de Coventry, d'Exeter, de Crediton, de Winchcombe, de Wenlock, de Barking. La plus ancienne charte d'origine anglaise est de 624 ou 674, la plus récente du XIIe siècle. En outre, quatre documents d'origine étrangère : une charte de Rimini, de 572, et une charte de Ravenna, de 616-619, sur papyrus; un diplôme de Louis le Pieux et une charte d'Eudes, roi de France.

En tête de la 4e partie, table chronologique des chartes.

31. The palaeographical Society. Fac similes of manuscripts and inscriptions, edited by E. A. BOND, E. M. THOMPSON and G. F. WARNER. — Londres, 1873-1894, 5 vol. in fol., 465 planches en phototypie.

Reproductions d'inscriptions, de manuscrits grecs et latins et de chartes. Les exemplaires classés méthodiquement (cf. Omont, *Listes*, p. 10) sont ainsi constitués : *1re série*. I. Inscriptions et mss. grecs. — II. Inscriptions et mss. latins. — III. Mss. latins et en langues modernes. — *2e série*. I (IV). Inscriptions et mss. grecs et latins en capitale et en onciale. — II (V). Mss. latins et en langues modernes.

M. L. Delisle a donné une table méthodique des trois premiers volumes (1873-1883), dans la *Bibliothèque de l'École des Chartes*, t. XLV (1884), p. 537-549. On doit à M. G. Warner des tables des deux séries : *Palaeographical Society. Indices to fac similes of manuscripts and inscriptions*. Series I and II (1874-1894); Londres, 1901, in-8°, 63 pages. Le premier de ces index est une table chronologique des documents, manuscrits, et chartes. Ces dernières sont relevées dans l'index II (*Authors and subjects*), au mot *charters*, mais pour les plus anciens documents sur papyrus, comme un rescrit impérial du Ve siècle, ou les chartes de Ravenne, il faut se reporter à l'index VII (*Materials other than vellum*). Parmi les 68 chartes relevées à l'index II, de 679 à 1496, la plupart sont tirées d'archives anglaises. Cependant il y en a un certain nombre de françaises : I, 119 et 120, jugements de Thierry III (679) et de Pépin (750); I, 237, jugement de Charlemagne (812); II, 79, charte de Hugues, abbé de Saint-Germain-des-Prés (1176); II, 61, diplôme de Philippe-Auguste pour les Templiers (1191); II, 100, lettres de Jean, sire de Joinville (1248).

32. Fac similes of national manuscripts of Ireland, selected and edited under the direction of the right hon. Edward SULLIVAN, master of the Rolls in Ireland, by J. T. GILBERT, secretary of the Public Record Office of Ireland, and photozincograved by major-general Sir Henry JAMES. — Dublin, 1874-1884, 4 parties en 5 volumes gr. in-fol., XXIV pages et 45 planches; LVIII pages et planches 45-91, avec appendice 1 à 4; XXV pages et 77 planches, avec appendice 1 à 10; LXXXVIII pages, pl. 1 à 40, avec appendice 1 à 20; LXXXVII à CXVII pages, et planches 40 à 100, avec appendice 21 à 29.

Le t. I contient des manuscrits. Au t. II, pl. LIX-LXI, chartes gaéliques du XIIe siècle; pl. LXII-LXV et LXVII-LXXIII, chartes et comptes de 1160 à 1192; pl. LXXXIV-LXXXV et LXXXVII-LXXXVIII, registres et cartulaires. Au t. III, pl. XI-XIII, XV, XIX-XXII, XLIX, LII, LIII, LV, LVI, chartes de 1315 à 1498; pl. I, III, VI, VII, IX, X, XVIII, XXXI, XXXIV, XXXV, XXXVII-XLII, XLVIII, LI, registres et rôles des XIVe et XVe siècles. La fin du volume et les volumes suivants sont des lettres et actes administratifs des XVIe et XVIIe siècles.

33. Fac similes of anglo-saxon manuscripts protozincographed by lieut.-general J. CAMERON [and colonel R. H. STOTHERD], director general of the Ordnance Survey, with translations by W. Basevi SANDERS, assistant keeper of H. M. Records. — Southampton, 1878-1884, 3 vol. gr. in-fol., VIII pages, 25 fac-simile; XX pages, 53 fac-simile; XX pages, 47 fac-simile en photozincogravure.

T. I. Chartes de 742 à 1049; t. II, de 681 à 1068, t. III, de 697 à 1167. Les textes sont accompagnés de transcriptions et de commentaires.

34. The receipt roll of the Exchequer for Michaelmas Term XXXI. Henry II., A. D. 1185. A fragment of a unique Record, reproduced in thirty-one large plates in collotype. Transcribed, extended and edited by the class in Palaeography of the London School of economics and political science. With a preface by Hubert HALL..... — London, School of economics and political science, 1899, in-4°, VII pages, 31 planches en photocollographie, 32 feuillets de texte, 6 pages d'index.

35. Fac similes of royal, historical, literary and other autographs in the Department of manuscripts British Museum, edited by George F. WARNER. Series I-V. — London, 1899, in-fol.,

IX pages, 150 feuillets de texte, 150 planches en zincogravure.

Documents de 1419 à 1885 : lettres autographes de souverains anglais depuis Henri V et d'hommes célèbres du même pays ; le n° 88 est une lettre missive d'Henri IV, de 1606, le n° 89 une lettre missive de Louis XIV, du 24 juin 1688.

36. Fac similes of royal and other Charters in the British Museum. Vol. I. William I — Richard I, edited by George F. WARNER and Henry J. ELLIS. Printed by order of the trustees. — London, 1903, in-fol., III pages d'introduction, 50 feuillets de texte, 19 pages d'index, 50 planches en phototypie.

Vingt chartes royales, dont la première est de Guillaume I (1070?) et la dernière, de Richard I (1198), et chartes privées d'origine anglaise, en tout 77 documents accompagnés de transcriptions et de commentaires historiques.

37. The new palaeographical Society. Fac similes of ancient manuscripts. — Part I. London, 1903, gr. in-fol., 21 feuillets, 21 planches en phototypie. — Part. II. London, 1904, gr. in-fol., 25 feuillets, 25 planches en phototypie. — Part III. London, 1905, gr. in-fol, 27 feuillets, 27 planches en phototypie.

En cours de publication.

Chartes des rois d'Angleterre Henri I et Étienne I pour l'abbaye de Westminster, pl. 20 ; registre de Jean Peckham, archevêque de Canterbury (1279-1292), pl. 40 ; chartes de Guillaume le Roux (1091 et 1095) et de Ranulphus Flambard, évêque de Durham (1106-1128) pl. 45 ; bulle d'Eugène III, pl. 46 ; chartes de la reine Mathilde (1106-1118), charte d'Henri d'Oilli (1149), pl. 71 ; lettres patentes d'Henri III (1258), pl. 73.

AUTRICHE

38. Chronicon Gotwicense seu Annales .... monasterii Gotwicensis ordinis S. Benedicti inferioris Austriae, [par G. BESSEL]. Tegernsee, 1732, in-fol., XXXVI-890 pages, 23 feuillets d'index.

11 planches de spécimens d'écritures de manuscrits et 23 planches donnant des fac-simile en entier ou des fragments de diplômes des empereurs de Conrad I à Frédéric II (912-1237), provenant des archives de Corvey, Saint-Gall, Gottweih, Saint-Emmeran de Ratisbonne, Saint-Pierre de Salzbourg, Werden et Wurzbourg.

39. Monumenta graphica medii aevi ex archivis et bibliothecis imperii Austriaci collecta edita jussu atque auspiciis Ministerii

cultus et publicae institutionis Caes. Reg. — Vindobonae, 1858-1882, in-fol., 5 pages de texte, 200 planches en photographie et photogravure.

40. Die Texte der in den Monumenta graphica medii aevi enthaltenen Schrifttafeln. Herausgegeben von Dr Th. SICKEL, K. K. A. O. Professor. — Wien, 1859-1869, in-4°, 9 livraisons, VIII-158 pages. — Die Texte, *etc.* Zehnte Lieferung. Herausgegeben von Dr K. RIEGER. — Wien, 1882, in-4°, IV pages et pages 159 à 184.

On trouvera dans les index, p. 177 à 184, l'énumération des diplômes, bulles et chartes privées reproduits sur les planches des *Monumenta graphica*.

41. Schrifttafeln aus dem Nachlasse von U. F. von KOPP, ergäntz und herausgegeben von Th. Sickel. — Wien, 1870, in-4°, VII pages, et atlas in-fol. de 17 planches, en lithographie et héliotypie.

Les 15 premières planches reproduisent, d'après des fac-simile préparés par Kopp, des diplômes de Pépin le Bref, Charlemagne et Louis le Pieux (753-814), des Archives de Cassel, Colmar, Fulda, et des Archives nationales de Paris. La pl. XVI est un recueil de souscriptions de chancellerie; la pl. XVII, de sceaux. — Pas de transcriptions ni de commentaires.

42. *Unterrichts-Behelfe zur Handschriftenkunde. Handschriften aus dem 16, 17 und 18 Jahrhund. zusammengestellt von der Direktion des K. K. Kriegsarchivs. — Wien, 1889, in-fol., 20 feuillets de texte, 20 planches.

43. Dyplomy Bolesława wstydliwego dla katedry Krakowskiej. Przyczynek do dyplomatyki Polskiej XIII wieku napisal Stanislaw KRZYŻANOWSKI. Z trzema tablicami w fototypii. — Kraków, 1890, in-4°, 12 pages, 3 planches en phototypie. (Extr. de *Pamietnik Wydz. hist.-fil. Akademii Umiejetnosci*, t. VIII.)

Fac-simile de cinq chartes.

44. Dyplomy i Kancelaryja Przemysława II. Studyjum z dyplomatyki Polskiej XIII wieku napisal Stanislaw KRZYŻANOWSKI. Z 12 tablicami w fototypii. — Kraków, 1890, in-4°, 71 pages, 15 planches en phototypie. (Extrait de *Pamietnik Wydz. hist.-fil. Akademii Umiejetnosci*, t. VIII.)

Diplômes et chancellerie de Premislas II. Étude de diplomatique polonaise au XIIIe siècle. Fac-simile partiels de 35 documents.

45. Schrifttafeln zur älteren lateinischen Palaeographie, herausgegeben von Dr C. WESSELY. — Wien, 1898, in-4°, 12 pages, 20 planches en photolithographie.

Fragments de textes littéraires et de lettres, actes, et rescrits impériaux sur papyrus, du Ier au VIe siècle ap. J.-C.

46. Učebná kniha palaeografie latinské sepsal Gustav FRIEDRICH. — Prag, 1898, in-8°, XV-230 pages.

109 planches dans le texte. Spécimens empruntés surtout à des mss., cependant quelques lignes de diplômes mérovingiens ou de registres pontificaux (tous ces spécimens très réduits).

47. Památky umění písařského v Čechách a na Moravě. Monumenta palaeographica Bohemiae et Moraviae, vydává Gustav FRIEDRICH. — Prag, 1904, texte in-8° de 22 pages et livraison de 8 planches in-fol. en héliogravure.

Pl. 1, charte d'Henri, évêque d'Olmütz (XIIe siècle); pl. 7, diplôme d'Ulrich, duc de Moravie (1174); pl. 8, charte de Frédéric, évêque de Prague (1177).

BELGIQUE

48. Acta sanctorum Aprilis collecta, digesta, illustrata a Godefrido Henschenio et Daniele Papebrochio e societate Jesu. Tomus II... — Anvers, 1675, in-fol. Propylæum antiquarium circa veri ac falsi discrimen in vetustis membranis, [auctore D. PAPEBROCHIO], p. I-XXXI.

5 planches, dont 4 reproduisent des fragments de textes diplomatiques, des diplômes de Dagobert, Charlemagne, Lothaire, Otton I, Henri III, avec les sceaux de ces princes.

49. Éléments de paléographie par le chanoine REUSENS. — Louvain, 1899, in-8°, 496 pages, 60 planches en phototypie, vignettes dans le texte.

Papyrus de Ravenne, pl. I; diplôme de Thierry III, pl. VII; diplôme de Childebert III, p. 42; charte de Grimoald, 810, p. 66; bulles de Jean VIII et d'Urbain II, p. 68 et 69; bulle de Pie VI, pl. XIV; diplôme de Charlemagne, p. 88; diplôme de Louis l'Enfant et de l'empereur Henri I, p. 90 et 91; charte pour Sainte-Gudule de Bruxelles, vers 1050, pl. XXII; charte de Lietbert, évêque de Cambrai, pl. XXIII; charte pour l'abbaye de Floreffe, 1160, pl. XXVI; charte pour l'abbaye d'Affligem, 1133, pl. XXIX; échange entre les abbayes de Heylissem et de Villers, 1153, pl. XXX; bulle d'Innocent II, 1135, pl. XXXI; charte de Tournai, 1234, p. 244; compte de 1294, p. 254; charte flamande, 1296, p. 256; chirographe de l'abbesse de Moustier-sur-Sambre, 1213, p. 262; charte d'une abbesse de la Cambre, 1221, p. 263; charte de Tournay, 1223, pl. XXXIV; charte de Jean, évêque de Liége, 1231, p. 266; accord entre les abbayes de Lobbes et de Cambron, 1237, pl. XXXV; chartes d'Alice d'Audenarde, 1258, et de Nicolas, évêque de Cambrai, 1259, pl. XXXVI; charte de l'abbaye de Cambron, 1286, pl. XXXVII; charte de Jean, duc de Brabant, pl. XXXVII; charte du béguinage de Malines, 1291, pl. XXXIX; bulle d'Alexandre IV, p. 275; lettre des échevins de Meldert, 1305, pl. XLII; charte de Guillaume, comte de Hainaut, 1321, pl. XLIII; chirographe de l'abbaye de Cambron, 1327, pl. XLIV; lettre des échevins de Malines, 1331, pl. XLV; lettre des échevins d'Anvers, 1344, pl. XLVI; lettres des échevins de Meldert, 1362 et 1381, pl. XLVII; compte du receveur du duc de Brabant, 1469, p. 326; lettres patentes de Charles VII, 1426, pl. LII; lettre des échevins d'Anvers, 1460, pl. LIII; chirographe des échevins de Saint-Servais de Maestricht, 1460, pl. LIV; lettre des échevins d'Anvers, 1478, pl. LV; actes de l'Université de Louvain, 1520, pl. LVI; lettre des échevins du comte de Hoogstraeten, 1529, pl. LVII; lettres échevinales de la West-Flandre, 1545 et 1548, p. 348 et 349; citation d'huissier, 1609, p. 355; procuration, en flamand, 1675, p. 358; quittance, 1683, pl. LIX; jugement du Parlement de Tournai, 1689, p. 361; quittance, 1690, p. 362.

La plupart des fac-simile sont réduits ou partiels; quelques-uns, ceux qui ne reproduisent pas les documents d'origine belge, sont empruntés à des recueils de fac-simile antérieurs.

50. Publication extraordinaire du Cercle archéologique de Mons. Chartes du comté de Hainaut de l'an 1200. Reproduction des Originaux avec Introduction, Traduction et Notes par Léopold DEVILLERS, conservateur des Archives de l'État, à Mons. — Mons, 1898, gr. in-fol., 4 pages d'introduction, XIX pages de texte, 2 planches en similigravure.

DANEMARK

51. Palæografisk Atlas. Dansk Afdeling. Udgivet af Kommissionen for det Arnamagnæanske legat. — Copenhague, 1903, in-fol., IX pages, LXIV planches en photogravure.

Pl. XI, registre de la fin du XIIIe siècle; pl. XXIV, *Liber Aarhusiensis* de 1315; pl. XLV, compte de 1467; les pl. L-LXII reproduisent des chartes de 1140 à 1462. Ces textes sont accompagnés de transcriptions et de notices.

52. Palæografisk Atlas. Oldnorsk-islandsk Afdeling. Udgivet

af Kommissionen for det Arnamagnæanske legat. — Copenhague, Christiania, 1905, in-fol., XVI pages et 38 planches.

Les planches reproduisent 53 documents dont 5 chartes de 1210 à 1299 (nos 48-52). Chaque planche est accompagnée d'un feuillet de transcriptions et de notices.

ESPAGNE

53. Paleografía española, que contiene todos los modos conocidos, que ha habido de escribir en España... substituida en la obra del espectaculo de la naturaleza, en vez de la paleografia francesa, por el P. Estevan DE TERREROS Y PANDO, maestro de mathematicas en el Colegio imperial de la Compañia de Jesus de esta Corte : y la dedica a la reyna nuestra señora doña Maria Barbara. — Madrid, 1758, petit in-4°, 1 feuillet non numéroté, 160 pages.

Extrait de *Espectaculo de la naturaleza* (Madrid, 1753-1755, 16 vol. petit in-4°), traduction par le P. Estevan de Terreros, de l'ouvrage français *Le spectacle de la nature*, de l'abbé Noël Pluche. Au t. VII de l'ouvrage français (Paris, 1746, in-12), l'entretien vingtième, p. 189 à 259, intitulé *La Paléographie Françoise*, est accompagné de planches (pl. XIV à XXVI), gravées par P. Bourgoin, sur lesquelles sont reproduits quelques fragments de manuscrits.

54. Escuela paleographica, ó de leer letras antiguas, desde la entrada de los Godos en España, hasta nuestros tiempos. Dispuesta por el P. Andrés MERINO DE JESU-CHRISTO, religioso de las Escuelas Pias, de la Provincia de Castilla. — Madrid, 1780, in-fol., 32-443 pages, 50 planches gravées sur cuivre.

Les pl. 8, 9, 11-13, 19-23, 29. 31, 33, reproduisent des documents diplomatiques de 931 à 1492, des archives de diverses églises de Tolède ; pl. 49, acte portugais de 1479 ; pl. 51, actes catalans de 1295 et 1432. — Les pl. 34-48, 52-59 sont consacrées à des actes et lettres des XVIe, XVIIe et XVIIIe siècles.

55. Paleografía española por D. Estéban PALUZIE Y CANTALOZELLA, benemérito de la Patria, bachiller en filosofía, y profesor de educacion en primera clase ... — Barcelona, autografía del autor, setiembre de 1846, in-fol., 466 pages.

Cet ouvrage étant autographié, les fac-simile, très nombreux, mais partiels et grossièrement exécutés, sont intercalés dans le texte.

56. Manual de Paleografía diplomática española de los siglos XII al XVII. Método teórico-práctico para aprender á leer los documentos españoles de los siglos XII al XVII, por D. Jesús Muñoz y Rivero, Archivero-Bibliotecario y Profesor encargado de la asignatura de Paleografía general y crítica en la Escuela superior de Diplomatica. Obra ilustrada con 179 láminas dibujadas por el autor. — Madrid, 1880, in-8°, VII-303 pages de texte, 2 planches (lamina 1ª-3ª), CLXXVI pages de fac-simile lithographiques, VI pages d'index.

Chartes et documents d'archives, d'origine espagnole, du XIIe au XVIIe siècle. — 2e éd., 1890, in-8°.

57. *Colleccion de fac-similes de documentos de los siglos XII al XVII para servir de tema á los ejercicios de lectura, traduccion y análysis critico que deben practicarse en las cátedras de paleografía, por D. Jesús Muñoz y Rivero. — Madrid, 1880, in-12.

6 fascicules parus comprenant ensemble 48 documents lithographiés.

58. Chrestomathia Palaeographica. Scripturae Hispanae Veteris specimina collegit Jesús Muñoz y Rivero in matritensi Diplomaticae Scholâ publicus professor. Pars prior : Scriptura chartarum. — Matriti, s. d., in-12, CXC pages.

Fac-simile lithographiques de documents espagnols du IXe au XVIIe siècle; un fac-simile par page.

59. Paleografia visigoda. Metodo teórico-prático para aprender a leer los codices y documentos españoles de los siglos V al XII, por D. Jesús Muñoz y Rivero. — Madrid, 1881, in-12, 148 pages, 45 planches en zincographie.

Les planches XVI à XLIV reproduisent des documents ou fragments de documents de 857 à 1172.

60. Idioma y escritura de España. Libro de lectura de manuscrito antiguo, por D. Jesús Muñoz y Rivero. — Madrid, 1882, in-12.

73 fac-simile en zincographie.

61. Paleografía popular. Arte de leer los documentos antiguos escritos en castellano ... por D. Jesús Muñoz y Rivero, catedrático, por oposición, de la asignatura de paleografía en la escuela superior de diplomática. — Madrid, 1886, in-8°, 271 pages, 1 planche.

Les fac-similé lithographiques sont imprimés au verso du feuillet de la p. 38 à la p. 236, la transcription au recto de la p. 39 à la p. 237. Le plus ancien document reproduit est une charte de donation de l'an 1214, le plus récent un ordre du « teniente corregidor » de Palencia, du 17 mai 1653. Tous les documents sont en castillan, comme l'indique le titre de l'ouvrage.

62. Histoire de l'abbaye de Silos, par D. Marius FÉROTIN, bénédictin de Solesmes. Avec deux plans et 17 planches hors texte. — Paris, 1897, in-8°, 369 pages.

Les planches I à III reproduisent en glyptographie, très réduites, des chartes de Blasco, abbé de Covarrubias (7 septembre 972), de Garci-Fernandez, comte de Castille (24 novembre 978), et du Cid Rodrigue Diaz (12 mai 1076) ; les planches VII et VIII, des sceaux du XIVe siècle.

63. Catalogo de las colecciones expuestas en las vitrinas del Palacio de Liria, por la Duquesa DE BERWICK Y ALBA. — Madrid, 1898, gr. in-8°, avec 18 planches en phototypie et deux planches non numérotées.

Parmi ces planches on remarque : I. Charte d'échange en cursive wisigothique (1026) ; II. Fueros del concejo de San Leonardo (1220) ; III. Sentence arbitrale de 1224 ; IV. Donation de terres (1367) ; V. Vidimus de 1427 d'une bulle de Martin V ; VIII. Privilège de concession d'armoiries (1475) ; IX. Privilège d'André Paléologue, empereur de Constantinople, pour le comte d'Osorno (1483) ; X. Donation des rois catholiques au duc d'Albe de la ville de Salvatierra (1490) ; XII. Contrat de mariage du prince D. Juan et de l'archiduchesse Marguerite (1495) ; XIII. Privilège de Charles-Quint (1538) ; XIV. Privilège de Philippe II (1559). — Toutes ces reproductions sont réduites.

FRANCE

64. De re diplomatica libri VI in quibus quidquid ad veterum instrumentorum antiquitatem materiam, scripturam et stilum; quidquid ad sigilla, monogrammata, subscriptiones ac notas chronologicas, quidquid inde ad antiquariam, historicam forensemque disciplinam pertinet explicatur et illustratur.... opera et studio domni Johannis MABILLON. — Paris, 1681, in-fol., 7 feuillets non chiffrés, 634 pages, 15 feuillets non chiffrés de table, 58 planches gravées.

Les planches XVI à XXVI, XXVIII à XLIV donnent des reproductions partielles de chartes des rois de France, de Dagobert à saint Louis, la plupart tirées des archives de Saint-Denis ; la pl. XXVII, des notices de plaids du IXe siècle ; la pl. XLV, un diplôme d'Alfonse IX, de l'an 1152 ; les pl. XLVI à LI des bulles, de Jean V à Pascal II ; la pl. LII, une charte de Fulrad, abbé de Saint-Denis ; les pl. LIII à LV et LVII, des actes de conciles du IXe siècle.

Les fac-simile donnés par Mabillon tirent leur importance du fait que plusieurs des documents reproduits ont aujourd'hui disparu.

65. Librorum de re diplomatica supplementum in quo archetypa in his libris pro regulis proposita ipsaeque regulae denuo confirmantur novisque speciminibus et argumentis asseruntur et illustrantur, opera et studio domni Johannis MABILLON. — Paris, 1704, in-fol., VIII-116 pages, 8 planches.

Les planches reproduisent des diplômes de Clotaire II et Dagobert I, un fragment d'acte impérial grec du IXe siècle, et la *Charta plenariae securitatis* de Ravenne.

66. Nouveau traité de diplomatique, où l'on examine les fondemens de cet art ...... par deux religieux bénédictins [dom TOUSTAIN et dom TASSIN] de la Congrégation de S. Maur. — Paris, 1750-1765, 6 vol. in-4° ; LVI-720 pages ; XLIII-699 p. ; XLIV-712 p. ; X-800 p. ; XXXVI-848 p. ; LXVIII-720 p. ; 100 planches gravées sur cuivre.

Chartes parties, du XIIe au XVe siècle, pl. 1 ; papyrus de Ravenne, pl. 63 et 64 ; bulles pontificales et chartes italiennes, écriture lombardique, pl. 65 ; diplômes royaux et chartes des époques mérovingienne et carolingienne, pl. 66 et 67 ; diplômes des rois capétiens, pl. 68 ; diplômes et chartes d'Allemagne, pl. 69 ; diplômes et chartes d'Angleterre et d'Écosse, pl. 70 ; chartes espagnoles, pl. 71 ; monogrammes, paraphes, pl. 73 ; souscriptions des chartes de Ravenne, pl. 74 ; privilèges de 864 avec signatures d'évêques, et diplôme de Louis VI, pl. 75 ; roues des diplômes d'Espagne, pl. 76 ; charte de Saint-Germain des Prés, confirmée par Philippe Ier, diplôme de Guillaume le Conquérant, charte de fondation de l'église de Norwic, pl. 77 ; bulles de Pascal I, Benoît III, Nicolas I, Jean XIII, Léon IX, Benoît VIII, Nicolas II, Pascal II, Innocent II, Eugène III, Alexandre III, Grégoire IX, Alexandre IV, Honorius III, pl. 78 à 88 ; charte du concile de Pîtres, pl. 89 ; diplômes mérovingiens, pl. 90 et 91 ; diplômes carolingiens, pl. 92 à 95 ; diplôme d'Otton II, pl. 96 ; diplômes royaux français, de Robert à Charles VI, pl. 97 à 100. — La plupart de ces fac-simile sont partiels, mais beaucoup sont précieux parce qu'ils reproduisent des documents aujourd'hui perdus.

67. Diplomatique-pratique ou traité de l'arrangement des archives et trésors des chartes... par M. LE MOINE, archiviste

du Chapitre de la Métropole de Lyon..... — Metz, 1765, in-4°, 396 pages, 12 planches gravées sur cuivre.

A la pl. XII, quelques lignes de sept chartes, dont la plus ancienne est un diplôme de Henri II (1011), et la plus récente un acte privé de 1617.

68. Dictionnaire raisonné de diplomatique, contenant les règles principales et essentielles pour servir à déchiffrer les anciens Titres, Diplômes et Monuments, ainsi qu'à justifier de leur date et de leur authenticité. On y a joint des planches rédigées aussi par ordre alphabétique et revues avec le plus grand soin, avec des explications à chacune, pour aider également à connoître les caractères et écritures des différents âges et des différentes nations, par Dom DE VAINES, religieux bénédictin de la Congrégation de S. Maur. — Paris, 1774, in-8°, 2 vol., XXIV-547 pages; 484 pages; 34 planches gravées par Boutrois.

Fac-simile partiels de chartes aux pl. 12 (part. 1-3), 13, 15.

69. L'archiviste françois, ou méthode sûre pour apprendre à arranger les Archives et déchiffrer les anciennes Écritures; ouvrage orné de cinquante-deux Planches gravées, seconde édition, revue et corrigée par M. BATTHENEY, Archiviste et Féodiste. — Paris, 1775, in-4°, II-52 pages, 52 planches gravées sur cuivre.

Pl. 41 à 52, chartes, de 816 à 1650, parmi lesquelles des diplômes de Louis le Pieux, Louis III, Otton I, Henri II de Germanie; parmi les chartes non royales, plusieurs tirées d'archives lyonnaises.

70. Peintures et ornements des manuscrits classés dans un ordre chronologique pour servir à l'histoire des arts du dessin depuis le IVe siècle de l'ère chrétienne jusqu'à la fin du XVIe siècle, par le comte Auguste DE BASTARD. — Paris, 1832-1869, 13 volumes de planches gr. in-fol. en lithographie.

Au tome XIII, chartes historiées de Charles V et de Charles VI. Cf. L. Delisle, *Les collections de Bastard d'Estang à la Bibliothèque nationale.* (Nogent-le-Rotrou, 1885, in-8°), p. 267-268, et p. 275.

71. Chartes latines sur papyrus du VIe siècle de l'ère chrétienne appartenant à la Bibliothèque royale et publiées pour l'École royale des Chartes. — Paris, 1837, in-fol., IV-4 pages, 10 planches lithographiées.

Chartes de Ravenne.

72. Charte latine sur papyrus d'Égypte de l'année 876 appar-

tenant à la Bibliothèque royale, publiée pour l'École royale des Chartes par l'ordre de M. Guizot, ministre de l'Instruction publique. — Paris, 1837, in-fol., 4 pages lithographiées.

Bulle de Jean VIII pour Tournus (Jaffé, n° 3052).

73. Éléments de paléographie par M. Natalis DE WAILLY, chef du bureau de la section administrative des archives du Royaume. — Paris, imprimerie royale, 1838, 2 vol. in-4°, XII-716 pages; IV-452 pages, 17 planches de fac-simile d'écriture, gravées par S. Jacobs, et 20 planches de sceaux reproduits par le procédé de A. Collas.

Fac-simile partiels de chartes, particulièrement des actes de rois de France et quelques bulles, du VIe au XVIe siècle, aux planches XI à XVII.

74. Chartes et manuscrits sur papyrus de la Bibliothèque royale. Collection de fac-simile accompagnés de notices historiques et paléographiques et publiées pour l'École royale des Chartes, d'après les ordres de M. le Ministre de l'Instruction publique, par M. CHAMPOLLION-FIGEAC. — Paris, 1840, in-fol., 27 planches en lithographie.

Voir pour le détail : H. Omont, *Listes*, p. 5-6. Le titre général se rapporte à diverses publications du même auteur comprenant les Chartes sur papyrus de la Bibliothèque royale (chartes de Ravenne et bulle de Jean VIII, etc. ; cf. ci-dessus n°s 71 et 72) et les chartes latines, françaises et en langue romane méridionale, publiées pour l'École royale des Chartes (cf. ci-dessous, n° 75).

75. Chartes latines, françaises et en langue romane méridionale publiées pour l'École royale des Chartes et pour faire suite à la collection des chartes et manuscrits sur papyrus. — Paris, 1841, in-fol., 15 planches lithographiées.

Sans texte ; reproduction de documents du VIIIe au XVe siècle.

76. Paléographie universelle. Collection de fac-simile d'écritures de tous les peuples et de tous les temps, tirés des plus authentiques documents de l'art graphique, chartes et manuscrits, existant dans les archives et les bibliothèques de France, d'Italie, d'Allemagne et d'Angleterre, publiés d'après les modèles écrits, dessinés et peints sur les lieux mêmes par M. SILVESTRE... et accompagnés d'explications historiques par MM. CHAMPOLLION-FIGEAC et Aimé CHAMPOLLION fils. — Paris, 1841, 4 vol. in-fol., 296 planches en lithographie.

77. Universal palaeography : or, Fac similes of writings of all nations and periods, copied from the most celebrated and authentic manuscripts in the libraries and archives of France, Italy, Germany, and England, by M. J. B. SILVESTRE. Accompanied by an historical and descriptive text and introduction, by Champollion-Figeac and Aimé Champollion, fils. Translated from the French, and edited, with corrections and notes, by sir FREDERIC MADDEN... — London, 1849-1851, 2 vol. in-8°, LXXI-809 pages ; avec atlas, gr. in-fol., en 2 volumes comprenant 296 planches en lithographie.

Édition anglaise de l'ouvrage de Silvestre (ci-dessus, n° 76). Les planches sont classées méthodiquement. La partie consacrée à l'écriture grecque contient quelques lettres sur papyrus. Dans la partie consacrée à l'écriture latine, chartes ou documents d'archives : rescrit impérial sur papyrus, pl. 98 ; charte de Ravenne, sur papyrus, pl. 135 ; bulles de Jean VIII, pl. 138 et 139 ; acte de vente, diplôme de Radelchis, pl. 140 ; diplôme de Roger I, roi de Sicile, pl. 145 ; décret d'union des Églises grecque et latine, 1439, pl. 158 ; diplômes de rois mérovingiens et carolingiens, pl. 165 à 169 ; diplômes de rois carolingiens et capétiens, pl. 172 à 175, pl. 179 ; lettres royaux de Charles V, pl. 194 ; chartes d'Alfonse VI et de la reine Urraka, pl. 207. Plusieurs de ces fac-simile sont partiels.

78. Isographie des hommes célèbres, ou collection de fac-simile de lettres autographes et de signatures, exécutée et imprimée par Th. Delarue, lithographe, sous les auspices de MM. BÉRARD, ancien député, DE CHATEAUGIRON, DUCHESNE, conservateur à la Bibliothèque royale, TRÉMISOT et BERTHIER. — Paris, 1843, 2 vol. in-4°.

Les documents, non numérotés, sont rangés suivant l'ordre alphabétique des noms des personnages. Ce sont surtout des lettres du XVIe, XVIIe et XVIIIe siècles. Cependant, on peut relever des lettres missives d'Alexandre VI, Anne de Bretagne, Anne de Beaujeu, Charles IX, Louis XI, Louis XII, Louis XIII, Louis XIV, Louis XV, Louis XVI, Louis XVIII, et le fac-simile d'un monogramme de Charlemagne.

79. Diplômes et chartes de l'époque mérovingienne sur papyrus et sur vélin conservés aux Archives du Royaume, publiés... par M. LETRONNE, garde général des Archives du Royaume. — Paris, [1851], gr. in-fol., 48 planches en lithographie.

Le même recueil avec le titre latin : « Diplomata et chartæ merovingicæ ætatis in Archivo Franciæ asservata delineanda curavit A. LETRONNE. — Parisiis. »

Le texte a été publié par LETRONNE, *Diplomata et chartæ merovingicæ ætatis in Archivo Franciæ asservata.* — Parisiis, 1848, in-8°.

80. Paléographie des chartes et des manuscris du XIe au XVIIe siècle, par L.-Alph. CHASSANT.... Quatrième édition... 9 planches in-4°. — Paris, 1854, in-16, VIII-156 pages, 9 planches lithographiées.

Fac-simile de quelques lignes de chartes diverses.

81. Fac-simile de quatre chartes du XIIe siècle, concernant Compiègne, Pierrefont et Noyon, accompagnés du texte latin avec traduction française, par PEIGNÉ-DELACOURT. — Paris, 1864, in-4°, 12 pages, 4 planches en lithographie.

Chartes de Nivelon, seigneur de Pierrefond (v. 1102), de Louis VI (s. d.), de Louis VII (1153), du chapitre de Noyon (1187).

82. Photographie appliquée à la paléographie. Diplômes carlovingiens conservés aux Archives départementales de l'Aude (fonds de l'abbaye de La Grasse). Reproduction photographique par l'abbé VERGUET, chanoine honoraire. Hommage de gratitude à M. Michel Chevalier, sénateur. — Carcassonne, août 1865, in-4° oblong, 3 feuillets de texte, 6 feuillets de carton sur lesquels sont collées 8 photographies.

Fac-simile réduits de diplômes de Charlemagne, Louis le Débonnaire, Charles le Chauve.

83. Archives de l'Empire... Fac-simile de chartes et diplômes mérovingiens et carlovingiens sur papyrus et sur parchemin, compris dans l'inventaire des Monuments historiques, par M. Jules TARDIF. — Paris, 1866, gr. in-fol., III pages, 52 planches en lithographie.

Ce recueil forme l'atlas des *Monuments historiques*, par M. J. Tardif. *Cartons des rois* (Paris, 1866, in-4°).

84. Le Cabinet des manuscrits de la Bibliothèque Nationale... par Léopold DELISLE. — Paris, 1868-1881, 3 vol. in-4°, et un album de XIV pages et 51 planches en lithographie. (Histoire générale de Paris.)

Surtout des reproductions de mss. Il y a cependant quelques fac-simile (partiels) de documents d'archives. Pl. XXII, 4 : Polyptique d'Irminon (IXe siècle) ; pl. XXIX, 4 : Polyptique de Saint-Maur (IXe siècle) ; pl. XXXIX,

2 : Cartulaire de l'évêché de Paris (début du XIIIe siècle); pl. XL, 3 : copie d'un registre de Philippe-Auguste (1247); pl. XL, 4 : addition au registre de Philippe-Auguste (1249); pl. XLII, 1 : Cartulaire des chapellenies d'Arras (1282); pl. XLIII, 1 et 2 : Procès des Templiers, 1310.

85. Documents paléographiques et bibliographiques extraits des archives d'Angoulême et publiés pour la première fois par G. BABINET DE RENCOGNE. — Angoulême, 1871, in-8°, 15 pages, 6 planches (Extr. du Bull. de la Société historique et archéologique de la Charente).

Fac-simile lithographié d'une charte de Geoffroy, comte d'Angoulême (1032-1048), et des premières lignes d'une charte de 1321.

86. Musée des Archives nationales. Documents originaux de l'histoire de France exposés dans l'hôtel Soubise. Ouvrage enrichi de 1200 *facsimile* des autographes les plus importants depuis l'époque mérovingienne jusqu'à la Révolution française. Publié par la Direction générale des Archives nationales. — Paris, 1872, in-4°, VIII-812 pages.

« Les 1200 fac-similés intercalés dans le texte de ce catalogue ne reproduisent intégralement aucun document; ils sont cependant utiles pour l'étude de la diplomatique, parce qu'ils donnent [un grand nombre de] spécimens d'écritures, de souscriptions, de signatures, de monogrammes, etc. » (Giry, *Manuel*, p. 46).

87. Ministère de l'Intérieur. Musée des Archives départementales, recueil de fac-similés héliographiques de documents tirés des archives des préfectures, mairies et hospices. — Paris, impr. nationale, 1878, in-fol., LXI-489 pages, et atlas gr. in-fol. de [IV]-4 pages, 60 planches en héliogravure.

Publié par M. G. Desjardins, sous le contrôle de MM. de Wailly, Delisle et Quicherat, et avec le concours de MM. Bourbon, Julien Havet et Ulysse Robert. Les planches reproduisent 170 documents du VIIe siècle à 1764, dont 140 sont antérieurs au XVIe siècle. Les transcriptions sont rangées par ordre chronologique, avec tables alphabétique et topographique.

88. [Fac-simile de 24 pièces des archives hospitalières de Meaux]. S. l. n. d. — [Meaux, 1878], 24 planches photolithographiques gr. in-fol.

Sans texte ni légende. Documents de 1199 à 1698, dont la liste a été donnée dans la *Bibliothèque de l'École des Chartes*, t. XL (1879), p. 521.

89. Reproductions photographiques de documents originaux qui reposent aux archives de l'Ain, [par] J. DU MARCHÉ. — Lyon, 1879, in-fol., 14 feuillets non numérotés.

Ce recueil contient les photographies réduites de 12 documents, dont le plus ancien est une bulle de Léon IX pour l'abbaye d'Ambronay, du 30 avril 1050, et le plus récent, un fragment du terrier de la seigneurie de Messimy, de 1530; comme documents royaux français : des lettres-patentes de Charles VI, du 8 juillet 1421, une lettre du roi Henri II, du 14 avril 1547; puis, une bulle d'Innocent IV, du 11 avril 1251, et des indulgences du XVe siècle. — Cf. Delisle, Compte rendu, dans *Bibliothèque de l'École des Chartes*, t. XLV (1884), p. 82.

90. Cartulaire de l'abbaye de Saint-Michel du Tréport (ordre de saint Benoît), par P. Lafleur DE KERMAINGANT. — Paris, 1880, in-4°, et atlas in-plano de 8 planches en héliogravure.

L'atlas reproduit des chartes de Hugues d'Amiens, archevêque de Rouen (1145); de Jean Ier, comte d'Eu (1169-1170); de Raoul d'Exoudun, comte d'Eu (1191); de Guillaume III, abbé du Tréport (1250); de Philippe d'Artois, comte d'Eu (1395); toutes ces chartes empruntées aux Archives de la Seine-Inférieure, et à un feuillet du cartulaire des comtes d'Eu de la Bibliothèque nationale.

91. Mélanges de paléographie et de bibliographie, par Léopold DELISLE. — Paris, 1880, in-8°, IX-507 pages, avec un atlas in-fol. de 1 feuillet et 7 planches en héliogravure.

Bulles de Jean XV et de Serge Ier, pl. III et IV; charte d'Algare, évêque de Coutances, vers 1140, pl. V.

92. Recueil de fac-similés à l'usage de l'École des Chartes. — Paris, 1880-1887, gr. in-fol., IV-44 pages, 97 planches en héliogravure comprenant 185 fac-simile.

L'introduction est signée : A. GIRY.

Sur l'origine et l'histoire de la collection de fac-simile de manuscrits et de chartes exécutés pour l'enseignement de l'École des Chartes, voir Giry, *Manuel de diplomatique*, p. 44. Cette collection se répartit en deux séries. La première, désignée sous le nom d'*ancien fonds*, comprend les fac-simile lithographiques exécutés de 1837 à 1841 par les soins de Champollion-Figeac (cf. ci-dessus, n°s 74 et 75), les fac-simile des diplômes et chartes de l'époque mérovingienne, publiés par Letronne (cf. ci-dessus, n° 79), un certain nombre de fac-simile lithographiques spécialement exécutés pour l'École des Chartes, et qui ne se trouvent pas dans le commerce, et enfin des fac-simile obtenus par des procédés divers, empruntés à diverses publications, et dont un certain nombre d'exemplaires ont été tirés pour l'École; au total, en 1905, 759 numéros.

La seconde série, exclusivement composée d'héliogravures, et ouverte en 1872, comprend actuellement 420 numéros. Les 185 premiers numéros ont seuls été publiés dans le recueil inscrit ici sous le n° 92.

Mais la collection complète des fac-simile de l'École des Chartes est déposée au Département des manuscrits de la Bibliothèque nationale. Cf. Omont, *Listes*, n° 3.

93. Lecture et transcription des vieilles écritures. Manuel de paléographie des XVIe, XVIIe et XVIIIe siècles, composé de pièces extraites de collections publiques et particulières et destiné aux instituteurs, par A. DE BOURMONT. — Caen, 1881, in-fol. oblong, II feuillets, III pages, 13 feuillets de texte et 13 planches en héliogravure.

Lettres privées et registres des archives du Calvados et de diverses collections particulières, avec des lettres de sauvegarde de Charles IX, de 1573 (p. 8), et de Louis XIV, de 1661 (p. 9).

94. Le premier registre de Philippe Auguste, reproduction héliotypique du manuscrit du Vatican, exécutée par A. Martelli, publiée par Léopold DELISLE. — Paris, 1883, gr. in-4°, 20 pages, 96 feuillets en phototypie.

Reproduction intégrale du ms. Ottoboni 2796 de la Bibliothèque Vaticane.

95. Histoire des institutions monarchiques de la France sous les premiers Capétiens (Mémoires et documents). Études sur les actes de Louis VII, par Achille LUCHAIRE, professeur à la Faculté des lettres de Bordeaux. — Paris, 1885, in-4°, VII-529 pages, 6 planches en héliogravure.

Les pl. I et II reproduisent in-extenso trois chartes de Louis VII ; les pl. III-V, des spécimens d'écritures et des monogrammes ; la pl. VI, des sceaux.

96. Album paléographique ou recueil de documents importants relatifs à l'histoire et à la littérature nationales, reproduits en héliogravure d'après les originaux des bibliothèques et des archives de la France, avec des notices explicatives, par la Société de l'École des chartes. — Paris, 1887, gr. in-fol., 11 pages, 50 feuillets de texte, 50 planches en héliogravure.

La préface est signée L. DELISLE. Chartes : diplôme de Childebert III, pl. 10 (notice de Jules Tardif) ; diplôme de Charlemagne, pl. 16 (notice de A. Giry) ; diplôme de Hugues Capet, pl. 24-25 (notice de A. Giry) ; diplôme de Henri Ier, pl. 26 (notice de E. Berger) ; diplôme de Louis le Gros, pl. 28-29 (notice de E. Berger) ; testament de Suger, pl. 32-33 (notice de R. de Lasteyrie) ; péages de Sens, charte d'Amauri de Montfort, diplôme de Philippe-Auguste, pl. 36 (notice de A. Molinier) ; codicille de Louis IX, pl. 38 (notice de R. de Lasteyrie) ; mandements de Charles X, pl. 48 (notice d'U. Robert); édit de Nantes et révocation de l'édit de Nantes, pl. 49 (notice de S. Bougenot); déclaration du clergé de France, pl. 50 (notice de S. Bougenot).

97. Archives de Saône-et-Loire. Documents originaux antérieurs à l'an mille, par Léonce LEX. — Châlon-sur-Saône, 1888, 36 pages, in-8°, 2 planches en héliogravure. (Extrait des Mémoires de la Société historique et archéologique de Châlon-sur-Saône, t. VII.)

Deux chartes, l'une de mars 944 ou 945, l'autre, du 21 mai 945.

98. Recueil de fac-similés pour servir à l'étude de la paléographie moderne (XVIIe et XVIIIe siècles), publiés d'après les originaux conservés principalement aux Archives du Ministère des Affaires Étrangères par Jean KAULEK et Eugène PLANTET. Première série. Rois et Reines de France. — Paris, 1889, in-4°, 5 pages d'introduction, 25 feuillets de texte, 24 planches en phototypie.

La plupart des documents sont des lettres missives, de Henri IV à Louis XVI.

99. *Collection lyonnaise de fac-similés publiée par la Faculté des lettres de Lyon.

« Il n'a été mis en vente jusqu'à présent (août 1891) que trois planches de cette collection d'héliogravures (pages d'un registre consulaire de Lyon de 1520, tablette de cire du XIVe siècle, compte de Citeaux de 1324) qui composeront plus tard des fascicules in-fol. » (Giry, *Manuel*, p. 50).

100. Diplômes de l'abbaye de Saint-Claude publiés dans l'Histoire de l'abbaye et de la terre de Saint-Claude par D. P. Benoît, avec des notices critiques composées par H. P. BRUNE. — Montreuil-sur-Mer, 1891, in-8°, 34 pages, VII planches en photographie (numérotées de II à VIII).

Documents de 776 (faux) à 1360; fac-simile très réduits.

101. Bullaire du pape Calixte II, 1119-1124. Essai de restitution, par Ulysse ROBERT. Tome premier. — Paris, impr. nat., 1891, in-8°, C-397 pages, 4 planches dont trois en phototypie.

Trois de ces planches reproduisent des actes du pape de 1119, 1122 et 1123. La dernière est consacrée à des dessins de bulles. Le t. II ne contient aucun fac-simile.

102. Manuel de paléographie. Recueil de fac-similés d'écritures du XIIe au XVIIe siècle (manuscrits latins et français), accompagnés de transcriptions, par Maurice PROU. — Paris,

1892, in-4°, 12 feuillets de texte, 12 planches en photocollographie.

Pl. IV. Journal du Trésor du Temple, 1295. Notes brèves de notaire de Marseille, 1302. — Pl. VI. Monstre de gens d'armes, 1356. — Pl. VII. Essai d'une boîte de monnaies, 1438. Écrou, 1439. — Pl. VIII. Notes brèves de notaire d'Avignon, 1444. — Pl. IX. Notes brèves de notaire de Marseille, 1476. — Pl. X. Bail à cens, 1541.

103. Autographes de personnages ayant marqué dans l'histoire de Bordeaux et de la Guyenne; ouvrage publié sous les auspices de la ville de Bordeaux. (Société des Archives historiques de la Gironde, t. XXX). — Bordeaux, 1895, in-4°, 2 vol., dont un de texte de XXXVIII-379 pages, et atlas de 104 planches en phototypie.

Les premières planches (I à VI) donnent des documents diplomatiques; le plus ancien est une charte de Guillaume IX duc d'Aquitaine (n° I), le n° III est une charte d'Éléonore d'Aquitaine, le n° V une bulle de Clément V. — Les planches suivantes sont consacrées à des autographes rangés en ordre à peu près chronologique jusqu'à l'époque de la Révolution. La charte de Guillaume IX, seule, est réduite au quart.

104. Archives de la ville de Montpellier. Inventaires et documents. T. I, 1er fasc. Notice sur les anciens inventaires des archives municipales de Montpellier, par Ferdinand CASTETS ... Jos. BERTHELÉ. — Montpellier, 1895, in-4°, CXLIII pages, 16 planches en phototypie.

Les planches reproduisent in-extenso l'inventaire de 1264 des archives de la « commune clôture », et un feuillet de l'inventaire du XIIIe siècle des archives du consulat. Cf. E.-G. Ledos dans la *Bibliothèque de l'École des Chartes*, 1897, p. 338-340.

105. Travaux et Mémoires de l'Université de Lille. Album paléographique du Nord de la France. Chartes et documents historiques reproduits par la phototypie et publiés avec transcription partielle par Jules FLAMMERMONT, professeur d'histoire à la Faculté des Lettres. — Lille, 1896, in-4° oblong, III-204 pages, au nombre desquelles 56 planches en phototypie.

Chartes de 1096 à 1655, tirées des archives départementales du Nord et des archives communales de Lille.

106. Manuel de paléographie. Nouveau recueil de fac-similés d'écritures du XIIe au XVIIe siècle (manuscrits latins et français), accompagnés de transcriptions par Maurice PROU. — Paris,

1896, in-4°, 12 feuillets de texte et 12 planches en photocollographie.

Pl. I. Acte de donation, au prieur de Baudonvilliers, 1151. — Pl. II. Comptes de l'abbaye de Saint-Trond, 1253, accord entre Robert, dauphin d'Auvergne, et le prieur de Briffons, 1255. — Pl. IV. Year-book, 1329. — Pl. V. Quittance, 1350. Certificat d'un visiteur des œuvres du roi, 1365. Certificat des grenetier et contrôleur de Noyon, 1384. — Pl. VI. Notes brèves de notaire d'Uriage, 1438. — Pl. VII. Registre de comptes de l'église de Bayeux, 1480. Quittance, 1499. — Pl. VIII. Inventaire des tapisseries d'Anne de Bretagne, 1507. Lettres closes de l'empereur Maximilien, 1516. Pl. X. Lettre autographe de Catherine de Médicis, 1585. — Pl. XI. Lettre autographe de Villeroy, 1591. Registre du bailliage de Dôle, 1633.

107. Bibliothèque nationale. Département des manuscrits. Fac-similés de manuscrits grecs, latins et français du Ve au XIVe siècle, exposés dans la Galerie Mazarine. — Paris, s. d. [1901], in-8°, 4 pages de texte, XL planches en phototypie.

Fac-similé réduits. Pl. XXXIV. Polyptyque d'Irminon (IXe siècle). — Pl. XXXIX. Procès des Templiers; manuscrit original avec les seings manuels des notaires, 1309. — Pl. XL. Frontispice du manuscrit du procès de Robert d'Artois, 1331.

108. Cartulaire de l'abbaye de Saint-Aubin d'Angers publié par le comte BERTRAND DE BROUSSILLON, avec une table des noms de personnes et de lieux par Eugène LELONG, t. III. — Angers, 1903, in-8°, 239 pages, 10 planches en phototypie.

Fac-similé réduits de chartes du IXe au XIIe siècle et d'une page du cartulaire.

109. Manuel de paléographie. Recueil de fac-similés d'écritures du Ve au XVIIe siècle (manuscrits latins, français et provençaux), accompagnés de transcriptions par Maurice PROU. — Paris, 1904, in-4°, 8 pages, 50 feuillets de texte, 50 planches en photocollographie.

Pl. VII. Diplôme de Louis-le-Pieux, 832. — Pl. VIII. Diplôme du roi Eudes, 893. — Pl. IX. Acte de donation à Cluny, 931. — Pl. X. Acte de donation à Cluny, 1001. — Pl. XIII. Acte de donation à Cluny, 1034-1035. — Pl. XIV. Charte du chapitre de Notre-Dame de Paris, 1100. Charte du chapitre de Saint-Paul de Narbonne, 1136. — Pl. XV. Charte d'engagement, toulousaine, 1144. Charte de Raimond, comte de Toulouse, 1163. Charte de Raimond-Roger, vicomte de Carcassonne, 1201. — Pl. XVI. Acte d'association entre W. Pagès et Durand, son gendre, 1205. — Échange de serfs entre R. de Dourgne et Gaubert de Puylaurens, 1227. — Pl. XVII. Vidimus sous le sceau de l'évêque et du grand archidiacre de Carcassonne, 1249. —

Pl. XIX. Charte de l'official de Soissons, 1258. — Pl. XX. Charte de l'official de Laon, 1261. — Pl XXI. Enquête par des enquêteurs royaux. 1261. — Pl. XXII. Charte de Ferry, duc de Lorraine, 1263. — Pl. XXIII. Lettres patentes de saint Louis, 1268. — Pl. XXIV. Registre d'Alphonse de Poitiers, 1269. — Pl. XXV. Charte des échevins de Lille, 1277. — Pl. XXVI. Information faite à Saint-Julien du Sault, 1278. — Pl. XXVII. Notes brèves d'un notaire de Capdenac, 1278. Lettres d'amortissement, 1286. — Pl. XXVIII. Journal du Trésor, de Philippe le Bel, 1300. — Pl. XXIX. Charte des échevins de Tournay, 1302. Acte de promesse de paiement d'une rente, 1303. — Pl. XXXI. Minute de lettres royaux, de Philippe V, 1321. Accord en Parlement, 1323. — Pl. XXXII. Accords en Parlement, 1324 et 1367. — Pl. XXXIII. Accord en Parlement, 1382. — Pl. XXXIV. Minute de lettres royaux de Charles VI, 1401. — Pl. XXXV. Accord en Parlement, 1401. — Pl. XXXVI. Aveu et dénombrement, 1436. — Pl. XXXVII. Mandement de Charles VI, 1446. Acte d'hommage, 1446. — Pl. XXXVIII. Quittance, 1456. Vente, sous le sceau de la prévôté de Sens, 1475. — Pl XXXIX. Bail à cens, sous le sceau de la prévôté de Sens, 1486. — Pl. XLI. Acte d'échange sous le sceau de la prévôté de Sens, 1520. — Pl. XLII. Registre des comptes des receveurs de Cremps et des Bois, 1521. — Pl. XLIII. Notes brèves d'un notaire de Toul, 1536. — Pl. XLIV. Actes d'hommage, 1548 et 1550. — Pl. XLVII. Aveu et dénombrement, 1581. — Pl. XLVIII. Déclaration de frais de criées, 1620. — Pl. XLIX. Plumitif du Parlement, 1625. — Pl. L. Vente par devant un notaire de Sens, 1650.

ITALIE

110. Arte di conoscere l'età de' codici latini e italiani di D. Giovan-Grisostomo Trombelli, bolognese, abbate visitatore de' canonici regolari della Congregazione Romana del Salvatore, e Accademico dell' Instituto delle Scienze. — Bologna, 1756, in-4°, XII-116 pages, 2 planches gravées.

A la planche II, fac-simile de quelques lignes de cinq chartes privées des XIe et XIIe siècles.

111. Congetture di un socio etrusco sopra una carta papiracea dell' archivio diplomatico di sua altezza reale il serenissimo Pietro Leopoldo Arciduca d'Austria, Granduca di Toscana, &c &c &c. con la prefazione dell'editore. — Firenze, 1781, in-4°, LVI-96 pages, 4 planches gravées.

Fac-simile partiel d'une charte de 1075, planche jointe à la préface; charte sur papyrus, pl. I, des archives du grand duc de Toscane; charte sur papyrus, de la Bibliothèque Altieri à Rome, pl. IV.

112. Delle Istituzioni diplomatiche, di Angelo FUMAGALLI. — Milan, 1802, 2 vol. in-4°, XXIX-459 et IX-516 pages, 8 planches gravées.

Les planches reproduisent des spécimens d'écritures romaines, deux actes privés de l'époque lombarde, un diplôme de Lothaire I (834), d'Otton III (998), de Frédéric I (1,186), une bulle d'Innocent II (1141) et une charte de Robaldus, archevêque de Milan (1144).

113. Papiri diplomatici raccolti ed illustrati dall'abate Gaetano MARINI. — Roma, 1805, in-fol., XXXII-383 pages, 22 planches gravées.

Fac-simile partiels de documents sur papyrus depuis le milieu du Ve siècle jusqu'en 1004, conservés dans les archives de Rome, Naples, Bologne, Bergame et Paris.

114. Codice diplomatico Toscano compilato da Filippo BRUNETTI, antiquario diplomatico Fiorentino. Parte I, chi comprende i papiri del regio Archivio diplomatico e le carte Longobarde dall'anno 684 al giugno 774. — Florence, 1806, in-4°, 738 pages. — Parte II, t. I., contenente principalmente le carte carolingie Toscane dal di 9 luglio 774 al mese di aprile 813, oltre un papiro del anno 541 e molti altri insigni monumenti storici. — Florence, 1833, in-4°.

La première partie contient 5 planches gravées donnant des fac-simile partiels de documents depuis le VIe siècle jusqu'en 774, principalement des souscriptions; la seconde partie deux planches reproduisant des fragments d'actes de 800 et 804.

115. Regii Neapolitani archivi monumenta edita et illustrata, t. I et II. — Naples, 1845-1847, 2 vol. in-4°.

A la fin des volumes trois planches donnant des spécimens d'écritures des IXe et Xe siècles.

116. Programma dell' I. R. scuola di paleografia in Venezia, pubblicato alla fine dell'anno scolastico 1861-1862 da B. CECCHETTI. — Venise, 1862, in-fol., 64 pages, 7 planches en lithographie et 1 photographie.

Reproduction de 13 documents de 850 au XIVe siècle, accompagnés de transcriptions et de notices.

117. Compendio delle lezioni teorico-pratiche di paleografia e diplomatica del Dr. Andrea GLORIA. — Padoue, 1870, in-8°, avec atlas oblong de 29 planches lithographiées.

Quelques planches sont empruntées au Nouveau Traité de diplomatique

Les plus intéressantes reproduisent des documents des archives de Padoue (Cf. Giry, p. 46). Les pl. I-XIX donnent des alphabets, des spécimens d'écritures et des sceaux. Les suivantes sont consacrées aux textes diplomatiques : pl. XX, fragments de papyrus; XXI, 1, diplôme de Charles le Gros (887) ; XXI. 2, acte de vente (1077) ; XXI. 3, acte d'échange (1160) ; XXII, bulle de Pascal I (819) ; XXIII, bulle d'Eugène III (1145) ; XXIV. 1, lettre du doge Andrea Contarini (1375) ; XXIV. 2, charte de Jacopo da Carrara (1350) ; XXIV. 3, plaid de l'empereur Henri IV (1095) ; XXV. 1, lettre de Cangrande della Scala ; XXV. 2, acte faux de 673 ; XXV. 3, vente d'une esclave (1445) ; XXV. 4, charte d'emphytéose (1137) ; XXV. 5, charte d'investiture (1189) ; XXVI. 1, bulle de Grégoire IX (1232), XXVI. 2, charte du légat Bertrand (1327) ; XXVII. 1, lettres de la commune de Padoue (1230) ; XXVII. 2, jugement (1191) ; XXVII. 3, acte d'accusation contre les Pisans de Venise (1197) ; XXVII. 4, Testament de Jacopino da Guidoto (1225) ; XXVIII. 1, lettre de François I de Carrare (1382) ; XXVIII. 2, bref de Sixte IV (1484) ; XXVIII. 3, charte de Milon, évêque de Pavie (1090) ; XXIX, diplôme d'Henri IV (1095).

118. Codex diplomaticus Cavensis nunc primum in lucem editus, curantibus DD. Michaele MORCALDI, Mauro SCHIANI, Sylvano de STEPHANO. — Naples, Pise, Milan, 1873-1883, 3 vol. in-4°.

A chaque volume sont jointes quelques planches, pas toujours numérotées, en lithogravure ou en chromolithographie. Quelques-unes reproduisent des manuscrits, d'autres des textes diplomatiques : 14 chartes de 792 à 1053, parmi lesquelles on remarque : t. I, charte de Radelchis (840) et fragments d'actes de princes de Salerne avec sceaux (899 et 959) ; t. II, charte de Naples avec souscriptions grecques (967) ; t. V, diplôme avec bulle de plomb de Nicolas, archevêque de Canosa (1047) ; t. VII, bulle de Léon IX pour la Trinité de Bari (1053).

119. Programma e sommario delle lezioni di paleografia date nell'Archivio di Stato in Torino da P. VAYRA negli anni 1871-75. — Torino, 1875, in-8° ; XXI pages, avec un atlas intitulé *Tavole grafiche ad uso delle scuole di paleografia. Documenti tratti dall' Archivio di Stato in Torino*, comprenant 5 planches en photo-lithographie, accompagnées d'autant de feuillets de texte.

Trois chartes privées, des années 892, 1005 et 1020.

120. Paleografia artistica di Montecassino [da D. Oderisio PISCICELLI TAEGGI]. — Montecassino, 1876-1882, in-4°. — [I] I libri corali. 6 feuillets de texte, y compris l'*avvertenza*, 17 planches en chromolithographie. — [II] La scrittura longobardo-cassinese, 18 pages, feuillets paginés de *A* à *Q*, 54 planches

en chromolithographie. — [III]. La scrittura latina. 16 pages, feuilles paginés de *A* à *Z* et de *AA* à *HH*, 64 planches en chromolithographie, dont une planche (XLI) en trois feuillets doubles.

Les seuls documents diplomatiques reproduits en fac-simile sont : un diplôme de Grimoald, duc de Bénévent, 810, pl. XXXIV de la 2e partie ; une charte d'Arnipert de Bénévent, de 823, pl. XXXV ; une charte de l'abbé Didier, pl. XXXVI ; un privilège faux du pape Zacharie, pl. XLI de la 3e partie.

121. *Cesare FOUCARD. Elementi di paleografia. La scrittura in Italia sino a Carlomagno. Tavole I-X. — Milano [1878], IV pages, 10 planches en photographie accompagnées d'autant de feuillets de texte.

Tablettes de cire de Pompéi, papyrus.

122. Il museo storico della casa di Savoia nell' Archivio di Stato in Torino, illustrato da Pietro VAYRA. — Roma-Torino-Firenze, 1880, in-8°, XXII-536 pages. Planches non numérotées, procédés divers.

P. 296, testament d'Abbon (726) ; p. 300, souscriptions d'un diplôme de Carloman (769) ; p. 304, donation de Teutcarius à la Novalaise, 810 ; p. 308, diplôme de l'empereur Lothaire (825) ; pp. 310, 314, 322, monogrammes et souscriptions de diplômes de souverains italiens du IXe au XIe siècle ; p. 330, fondation de Talloires par la reine Ermengarde (XIe siècle) ; p. 338, charte d'Humbert aux Blanches mains (1040) ; p. 362, diplôme de Frédéric Barberousse (1186) ; p. 364, diplôme de Frédéric II (1249) ; p. 384, bref de Félix V (1441) ; pp. 426, 430, 432, 436, 440, 444, 450, 462, lettres de soumission des habitants de diverses villes aux princes de la maison de Savoie (1198-1411). Quelques fac-simile de diplômes ne donnent que le début et les souscriptions.

123. Facsimili di antichi manoscritti per uso delle scuole di filologia neolatina, raccolti da Ernesto MONACI. — Roma, 1881-1892, in-fol., VIII pages, 102 planches en phototypie.

Le no 1 reproduit une charte des Abruzzes de 1193 ; le no 91 le texte de Nithard avec les serments de Strasbourg ; le no 98 une charte sarde en caractères grecs (cf. *Bibl. de l'École des Chartes*, t. XXXV, p. 255) ; toutes les autres planches sont des textes littéraires.

124. Archivio paleografico italiano, diretto da Ernesto MONACI. — Roma, 1881-1905, in-fol., VIII pages, 102 planches en phototypie.

Le recueil comprend actuellement 20 fascicules : chaque fascicule contient des planches de divers volumes. Les textes sont en principe accompagnés de notices et de transcriptions (celles qui ont paru sont dues à MM. E. Monaci, Guido Levi, C. Cipolla, etc.), mais ces transcriptions et notices ont été publiées assez irrégulièrement.

Il est difficile de donner un état de cette publication. On peut cependant y relever, comme fac-simile de documents d'archives, les numéros suivants :

T. I. Pl. 1-5, chartes de Ravenne ; pl. 6, acte privé de Sienne (777) ; pl. 15, acte privé de Faenza (883) ; pl. 16, registre de Jean VIII ; pl. 19-26, lettres missives diverses (1393-1418) ; pl. 27-36, chartes privées de Ravenne, Rimini, Forli (1116-1352) ; pl. 37-38, registres de Santa Maria di Porto, à Florence (XIIe siècle) ; pl. 41, minute de notaire de Forli, 1127 ; pl. 42, charte de Ravenne (1147) ; pl. 43-51, actes privés de Forli (1178-1199) ; pl. 72, charte privée de Valva (Xe siècle) ; pl. 86-89, matricules de corporation ; pl. 99-100, charte de Ravenne (854).

T. II (paru aussi avec le titre de *Monumenti paleografici di Roma*). Pl. 1-2, chartes de Rome (951 et 1029) ; pl. 6-8, registre de Grégoire VII, pl. 15-17, actes privés de Rome (983-1133) ; pl. 18-19, cartulaire de Subiaco (XIe siècle) ; pl. 20-29, actes privés de Rome (1030-1277) ; pl. 45, charte romaine de 1200 ; pl. 46-50, *Liber censuum*, mss. de Rome et de Florence ; pl. 71, charte du cardinal Eudes (1151) ; pl. 72, lettres du Sénat de Rome (1160) ; pl. 62, diplôme du Collège des *Scriptores* de la Curie (1674) ; pl. 66, bulle de Pie VI (1776) ; pl. 83-85, alliance entre Romains et Gênois (1165-1166) ; pl. 86, paix entre Corneto et Gênes (1177) ; pl. 87-90, chartes d'Alatri.

T. III. Pl. 1-21, 23, 27, 30-33, chartes lombardes et véronaises de 744 à 1173 ; pl. 45, diplôme de Roger, comte de Sicile et de Calabre (1124) ; pl. 46-53, actes divers parmi lesquels deux privilèges de Jeanne II, reine de Naples, de 1419.

125. Paleografia e diplomatica de' documenti delle provincie Napolitane, per Michele RUSSI. — Napoli, 1883, in-12, 20 planches.

Dix-sept documents latins et trois grecs de 820 à 1458, exécutés à l'imprimerie lithographique du Mont-Cassin, accompagnés de transcriptions.

126. Autografi dei principi sovrani della casa di Savoia (1248-1859), pubblicati da Pietro VAYRA. — Roma, Torino, Firenze, 1883, in-4°, XVIII pages, 42 planches, avec texte, en photolithographie.

Les planches reproduisent des lettres missives, dont la plus ancienne est de Bone de Berry (1387) ; dans l'introduction, des fac-simile de souscriptions remontant au milieu du XIIIe siècle.

127. Collezione Fiorentina di facsimili paleografici greci e latini, illustrati da Girolamo VITELLI e Cesare PAOLI. — Firenze,

1884-1897, gr. in-fol., 100 feuilles de texte, 100 planches en héliogravure.

La seconde partie, consacrée aux documents latins, contient surtout des reproductions de manuscrits; il y a cependant un certain nombre de pièces d'archives : pl. 11, charte privée de Chioggia (1270); pl. 16, statuts de la vicomté de Valdombra (1208); pl. 17, statuts de la justice de Florence, 1293; pl. 21 et 22, actes privés de Florence et de Bénévent (1076 et 1121); pl. 23, bulle d'Honorius III (15 mai 1225); pl. 26 et 27, statuts des marchands de Florence (1317 et 1339); pl. 29 et 30, actes privés de Pise et de Venise (780 et 1330); pl. 36, charte de Guillaume, évêque d'Arezzo (1013). Tous ces textes proviennent de l'Archivio di Stato de Florence.

128. Specimina palaeographica ex Vaticani tabularii Romanorum pontificum registris selecta et photographica arte ad unguem expressa; ... [auctoribus P. H. DENIFLE et P. G. PALMIERI]. — Romae, 1888, in-fol., 58 pages, 60 planches en phototypie.

Les planches reproduisent des feuillets des registres pontificaux des diverses séries, depuis Innocent III jusqu'à Innocent VI. Les textes ne sont point accompagnés de transcriptions, mais à chaque planche est consacrée une notice paléographique et diplomatique.

129. Diplomi imperiali e reali delle cancellarie d'Italia. Notizie e transcrizioni dei diplomi imperiali [766-1177], pubblicati a facsimile dalla R. Società Romana di Storia patria. — Roma, 1892, in-4°. VII-32 pages, 15 planches gr. in-fol.

Diplômes de Carloman (769), Charlemagne, Louis le Pieux, Lothaire I, Louis II, Bérenger, Henri III, Henri V, Frédéric I (1177), tirés des archives d'État de Florence, Modène, Parme, Sienne, Turin, Venise, et des archives communales de Vérone. Les transcriptions et notices rédigées par MM. Th. von Sickel et C. Cipolla.

130. Documenta selecta e tabulario secreto Vaticano quae Romanorum pontificum erga Americae populos curam ac studia, tum ante, tum paullo post insulas a Christophoro Columbo repertas testantur, phototypia descripta. — [Romae], 1893, in-fol., 44 feuillets de texte, 44 planches en phototypie.

Reproductions extraites des registres d'Innocent III, Jean XXI, Nicolas III, Martin IV, Nicolas V, Alexandre VI, Jules II, Léon X, Clément VII (1206-1532), et accompagnées de transcriptions.

131. Ecclesiae sanctae Mariae in Via lata Tabularium. Partem vetustiorem, quae complectitur chartas inde ab anno 921

usque ad 1045 conscriptas, cum subsidiis ministerii imperialis Austriaci instructionis publicae atque Academiae imperialis Vindobonensis edidit Ludovicus M. HARTMANN. Accedunt tabulae phototypae XXI. — Vindobonae, 1895, in-4°, XXII-105 pages, 22 planches (la planche XI est double).

Les planches reproduisent des documents de 921 à 1030, dont quelques-uns seulement en fac-similé partiel ou réduit.

132. Monumenta Novaliciensia vetustiora. Raccolta degli atti e delle cronache riguardanti l'abbazia della Novalesa, a cura di Carlo CIPOLLA. — T. I, Roma, 1898, in-8°, 448 pages, VIII planches en héliogravure (Fonti per la storia d'Italia, publiés par l'Istituto Storico italiano).

Les planches II à VIII reproduisent des documents de 726 à 1097. Tous ces documents sont conservés aux Archives d'État de Turin dans le fonds de l'abbaye de la Novalaise.

133. Nicola BARONE. Cenno paleografico del terzo periodo della storia della scrittura latina. — Napoli, 1899, in-8°, 3 planches en phototypie.

Les planches reproduisent des spécimens d'écritures des XVIe, XVIIe et XVIIIe siècles, empruntés à des ouvrages antérieurs.

134. Monumenta palaeographica sacra. Atlante paleografico-artistico compilato sui manoscritti esposti in Torino alla mostra d'arte sacra nel MDCCCXCVIII e pubblicato... per cura di F. CARTA, C. CIPOLLA e C. FRATI. — Torino, 1899, in-fol. VIII-73 pages, 120 planches en phototypie.

Les planches reproduisent presque exclusivement des mss. de l'Écriture sainte ou de liturgie, et des miniatures. Cependant le n° XII est un diplôme d'Astolf, roi des Lombards, de 755, conservé à la bibliothèque capitulaire de Bergame; le n° CVII, le début, avec lettres ornées et miniatures, d'une bulle de Jules II de 1515, à l'Archivio di Stato de Bologne; les n°s LIX et LX, les miniatures en tête du *Libro dei creditori di Monte* de Bologne, de 1394.

135. Documenti per servire alla storia di Sicilia, pubblicati a cura della Società Siciliana di Storia patria. Prima serie. Diplomatica. Vol. XIX. Catalogo illustrato del tabulario di S. Maria Nuova in Monreale, per C. A. GARUFI. — Palerme, 1902, in-8°, XXI-271 pages, 13 planches en phototypie.

Les planches donnent des fac-similé très réduits de diplômes : pl. I, du roi Roger (3 novembre 1144); pl. II, du même (mai 1151, en grec);

pl. III, d'Henri VI (11 janvier 1195); pl. IV, acte privé (9 juillet 1280). Les pl. V et VI reproduisent les souscriptions apposées par divers dignitaires sur différents actes, les pl. VII-XIII des sceaux.

SUISSE

136. Alphabethi ex diplomatibus et codicibus Thuricensibus specimen, publicatum a Johanne Jacobo SCHEUCHZER... et Johanne LOCHMANN. — Zurich, 1730, in-fol., 7 feuillets de texte, 22 planches gravées.

Les premières planches et les pl. 20-22 donnent des alphabets, des souscriptions, ruches, monogrammes et dessins (mauvais) de sceaux empruntés à des diplômes de Louis le Germanique, Lothaire, Charles le Gros, Otton le Grand, Henri II, Henri IV, Lothaire III, Frédéric II, à une bulle d'Innocent IV et aux actes de divers princes allemands.

137. Schriftproben aus Handschriften des XIV-XVI Jahrhunderts, zusammengestellt von Dr Rudolf THOMMEN. — Basel, 1888, in-4°, 18 pages et atlas in-folio de 20 planches en photolithographie.

Surtout des registres des archives de Bâle ; pas de chartes.

138. Urkundenbuch der Stadt und Landschaft Zürich, herausgegeben von einer Commission der antiquarischen Gesellschaft in Zürich, bearbeitet von Dr J. ESCHER und Dr P. SCHWEIZER. — Zürich, 1888-1900, 5 vol. in-4°, de XXV-411, 427, 412, 400, 398 pages, avec 11 planches en phototypie.

Planches au t. I, pp. 66, 80, 123, 196, 279, 307 ; au t. II, pp. 16, 76, 125, 306 ; au t. V, p. 200, reproduisant des chartes de 889 à 1279.

139. Archives militaires du Ier siècle. Texte inédit du papyrus latin de Genève n° 1, publié sous les auspices de la Société académique de Genève, avec fac-simile, description et commentaire par Jules NICOLE et Charles MOREL. — Genève, 1900, in-fol., 32 pages, 2 planches en chromolithographie et phototypie.

Comptes et pièces d'administration militaire de la fin du Ier siècle après Jésus-Christ.

140. Lateinische Paläographie. Hundert Tafeln in Lichtdruck mit gegenüberstehender Transscription nebst Erläuterungen und systematischen Darstellung der Entwicklung der lateinischen Schrift, von Dr Franz STEFFENS. — Freiburg (Schweiz), 1903, in-4°, les deux premières parties seules parues comprenant

71 feuillets de texte et 70 planches en phototypie. — En cours de publication.

Actes de vente sur tablettes de cire, de l'an 142, pl. 8; acte de vente sur papyrus, de l'an 166, pl. 9; rescrit impérial, du Ve siècle, pl. 18; papyrus de Ravenne, VIe siècle, pl. 19; diplôme de Childebert III, pl. 26; charte privée langobarde, de 721, pl. 29; charte privée de Saint-Gall, du VIIIe au XIe siècle, pl. 32, 33, 40, 55 et 58; diplôme de Charlemagne, pl. 34; actes d'un synode tenu à Canterbury, en 803, pl. 41; diplôme de Louis le Germanique, pl. 50; bulle de Jean VIII, pl. 52; diplôme de Louis III, pl. 53; acte privé espagnol. pl. 55; bulle de Silvestre II, pl. 57; diplôme de l'empereur Henri III, pl. 60; bulles d'Alexandre II et de Pascal II, pl. 61 et 63; chartes de Mathilde de Canossa, et de Hillin, archevêque de Trèves, pl. 64; bulles d'Honorius II, d'Innocent II et d'Eugène III, pl. 66 et 67; diplôme de l'empereur Conrad III, pl. 68; charte de Landrich, évêque de Lausanne (1162), pl. 69. — Quelques fac-simile sont partiels, d'autres réduits, plusieurs empruntés à des recueils de fac-simile antérieurement publiés.

ADDENDA

48bis. Éléments de paléographie et de diplomatique du moyen âge, par le chanoine REUSENS. — Louvain, 1891, in-fol., 112 pages autographiées et une planche en phototypie.

Fac-simile partiels, dans le texte, de documents diplomatiques.

52bis. Bibliotheca universal de la polygraphia española, compuesta por don Christoval RODRIGUEZ, y que de orden de sa Magestad publica d. Blas Antonio Nasare y Ferriz. — Madrid, 1738, in-fol., XVII pages et 98 planches gravées.

Les planches donnent des spécimens d'écritures et quelques fac-simile de documents diplomatiques jusqu'au XVIIe siècle.

55bis. Compendio de paleografia española o escuela de leer todas las letras que se han usado en España..., por d. Antonio Alvera DELGRAS. — Madrid, 1857, in-4°, 30 et VII pages, et 8 planches gravées.

Spécimens d'écritures et quelques documents diplomatiques jusqu'au XVIe siècle.

INDEX DES NOMS D'AUTEURS

BRUXELLES. — IMP. POLLEUNIS ET CEUTERICK.

www.ingramcontent.com/pod-product-compliance
Ingram Content Group UK Ltd.
Pitfield, Milton Keynes, MK11 3LW, UK
UKHW020954220726
13924UKWH00002B/695

9 782019 916107